AF400443

Catherine Grimme

Rouge-gorge et compagnie

Fabulettes

Loi n°49-956 du 16 juillet 1949 sur les publications destinées à la jeunesse, modifiée par la loi n°2011-525 du 17 mai 2011.

Édition : BoD – Books on Demand, info@bod.fr
Impression : BoD – Books on Demand, In de Tarpen 42, Norderstedt (Allemagne)
Impression à la demande
Photos : Catherine Grimme (sauf p26 : www.freepik.com)
Création graphique et illustration : Audrey Hantz
ISBN : 978-2-3225-0384-1
Dépôt légal : Septembre 2023

« Ouvrez, ouvrez la cage aux oiseaux,
Regardez les s'envoler, c'est beau,
Les enfants si vous voyez
Des p'tits oiseaux prisonniers,
Ouvrez-leur la porte vers la liberté »
Pierre Perret

Connais-tu les oiseaux qui peuplent nos campagnes ? Et ceux qui viennent manger dans ton jardin ou sur ton balcon, en hiver, lorsque tu leur donnes des graines ou des morceaux de fruits ?

Je suis sûre que tu sais reconnaitre les moineaux et les canards, et peut-être aussi le rouge-gorge et la pie… Mais sais-tu ce qu'ils mangent ? Combien ils mesurent, combien ils pèsent ou combien ils ont de petits chaque année ? Et connais-tu le nom de leur chant ou de leur cri ?

Non ? Peut-être ? Pas pour tous ?

Alors, viens avec moi, je t'emmène à leur rencontre !

le Pic-Epeiche

 Je vis en Europe.

 Je mesure de 21 à 23 cm.

 Je pèse de 70 à 90 g.

 Je mange des insectes, des vers, des graines et même des œufs d'oiseaux.

Le sais-tu ?

 Je peux vivre 12 ans.

 Quand je chante, je picasse ou pleupleute. Rigolo non ?

 5 à 7 œufs par nichée.

Toc, Toc, Toc

Toc, Toc, Toc, en haut de l'arbre mort,
Toc, Toc, Toc, il tape et tape encore !
Toc, Toc, Toc, autour du vieux tronc mort,
Toc, Toc, Toc, il tourne et tourne encore !

C'est le pic qui joue avec nos impatiences,
Qui pique et pique encore et brise le silence,
En rythme et sans arrêt il cherche sa pitance,
Et à mon pas parfois il donne la cadence !

Toc, Toc, Toc, mais que me voulez-vous ?
Dit son œil étonné soudain fixé sur nous.
Toc, Toc, Toc, vous n'aurez pas mon trou
Semble dire l'effronté en tendant haut le cou...

Toc, Toc, Toc, tu m'entends je le sais,
Je te vois me chercher, mais tu ne me trouves pas
Car, caché au sommet de la haute futaie,
J'échappe à ton regard, tu ne m'attrap'ras pas !

Et Toc, Toc, Toc, il pique et pique ailleurs,
Toc, Toc, Toc, le pic est bien vorace,
Toc, Toc, Toc, il frappe l'arbre au cœur,
Toc, Toc, Toc, il ne tient pas en place !

la cigogne blanche

Je vis en Alsace de février à septembre, mais aussi en Charente Maritime, Picardie, Normandie ou Lorraine. En hiver, je pars en Espagne ou en Afrique.

Je mesure environ 1m15.

Je pèse 4,5 kg.

Je mange des rongeurs, des reptiles et des grenouilles, mais aussi des insectes.

Je peux vivre jusqu'à 39 ans.

Je ne chante pas, je claque du bec... On dit que je craquète.

4 cigogneaux en moyenne.

Clac, Clac, Clac

Clac, clac, clac, quand je claque du bec,
Clac, clac, clac, on dit que je craquète !
Clac, clac, clac, c'est rapide, bruyant et sec,
Clac, clac, clac, je suis une vraie mitraillette !

Clac, clac, clac, c'est pour annoncer le retour
De ma compagne ou de mon compagnon,
Clac, clac, clac, ensemble ou tour à tour,
Nous craquetons avec obstination...

Clac, clac, clac, de joie, de peur ou de colère,
Ou pour protéger la vie de nos enfants,
Clac, clac, clac, le soir ou au petit matin clair,
Nos clacs, clacs, clacs réveillent les petits et les grands !

De la fin de l'hiver au début de l'automne,
Clac, clac, clac on rythme les journées du village,
Mieux que les cloches de l'église quand elles sonnent,
Nos clacs, clacs, clacs font lever vers le nid vos visages !

la mésange bleue

 Je vis dans le monde entier.

 Je mesure 12 cm.

 Je pèse entre 10 et 12 g.

 Je mange des insectes, des pucerons, des chenilles, mais aussi des graines et des baies.

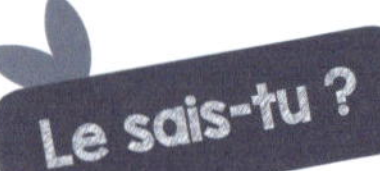

 Je peux vivre jusqu'à 15 ans. Mais c'est rare dans la nature.

 Quand je chante, je titine ou zinzibule.

 7 à 13 œufs par nichée. 1 à 2 fois par an.

L'acrobate

Elle virevolte, danse et sautille
La mésange bleue qui se moque de moi,
Sur une fleur, à la pointe d'une brindille,
Elle est ici et là, et partout à la fois !

Courageuse acrobate, elle se lance dans les airs,
Attrape entre ses pattes, la branche chargée de fruits,
Tête en haut, tête en bas, retenue par ses serres,
Elle picore une baie, puis d'un coup d'ailes, s'enfuit !

Moqueuse, la voilà qui zinzibule à tout va !
M'appelle-t-elle ou joue-t-elle avec moi ?
Je la cherche partout, mais je ne la trouve pas,
Allez ! Sois gentille, ne pars pas, montre-toi !

À gauche, à droite, en haut, en bas,
Elle me rend folle, me fait perdre le nord !
Fatiguée de courir, je m'éloigne pas à pas,
Zut ! La revoilà qui chante et m'appelle encore !

Elle ne tient pas en place, s'agite et se balance,
Ah mais, vas-tu cesser et te poser enfin ?
Quelques secondes, allez ! Laisse-moi une chance...
Clic-clac ! Ça y est, finalement je te tiens !

le rouge-gorge

 Je vis en Europe.

 Je mesure14 cm.

 Je pèse de 16 à 22 g.

 Je mange des insectes en été, des baies et des graines en hiver.

 Je peux vivre jusqu'à 15 ans.

 Je chante ou je siffle.

 4 à 7 œufs par nichée. 1 à 2 fois par an.

Comme un ballon

Rouge et tout rond comme un ballon,
Le bec pointu et l'œil très noir,
Rouge et tout rond comme un bonbon,
Près de moi tu n'passeras pas sans me voir !

Quand vient l'hiver et ses frimas,
Quand tombent les feuilles sous le vent,
Sur les branches basses tu me trouv'ras
Si tu t'approches tout doucement !

Rouge et tout rond comme un bonbon,
J'ai l'air sympa, tranquille et sage,
Mais je m'envole comme un ballon
Au moindre bruit dans le feuillage...

Rouge et tout rond comme un ballon,
Je suis facile à dessiner,
Rouge et tout rond comme un bonbon
Ne suis-je pas ton préféré ?

Je vis en Europe, Afrique du Nord, Asie et Amérique du Nord.

Je mesure environ 25 cm.

Je pèse de 80 à 125 g.

Je mange des insectes, des vers, des fruits et des baies.

Le sais-tu ?

Je peux vivre jusqu'à 16 ans.

Quand je chante on dit que je siffle, jase, chante, babille, flûte ou appelle !

3 à 6 œufs par couvée.

Qui suis-je

Je suis joyeux, drôle et coquin,
Souvent mon chant se fait moqueur,
Le cœur en fête dès le matin,
Je jase et siffle avec ardeur !

Toute la journée, toute l'année,
Dans les haies et dans les vergers,
Plumes noires et bec acéré,
Je sautille le pas et le cœur léger.

Je suis l'ami du jardinier,
Et au prix de quelques cerises
Qui finiront dans mon gosier,
Adieu vermisseaux et limaces grises !

As-tu deviné qui je suis ?
Bravo, bravo ! Tu as gagné !
Je suis le merle noir qui chante et fait du bruit
Et fait danser tes pas de l'automne à l'été !

la pie bavarde

Je vis en Europe, Asie, Afrique du Nord et Amérique du Nord.

Je mesure de 44 à 46 cm.

Je pèse de 210 à 240 g.

Le sais-tu ?

Je mange des fruits, des graines, des insectes, mais aussi des grenouilles et des petits reptiles.

Je vis 15 ans en moyenne.

Je babille, cajole, jase ou jacasse.

5 à 8 œufs par nichée.

Non, je n'suis pas une voleuse

Je suis la pie bavarde, je jacasse, je jacasse,
Et avec mes copines, souvent je me dispute
Pour dans le plus bel arbre avoir la meilleure place,
Et pour le plus beau nid, chaque printemps je lutte !

Nous sommes effrontées, et souvent bagarreuses,
Pour un oui, pour un non, on se vole dans les plumes.
Mais, promis, nous n'sommes pas, comme on le dit, voleuses,
Amassant dans nos nids, tout s'qui brille dans la brume !

Nous ne dérobons pas vos perles et vos bijoux,
Tout ça n'est que légende, vil mensonge et histoire,
Une sale réputation venue dont ne sait où
Qui nous accuse à tort, se répète sans savoir !

Alors, comme moi, bavarde, papote, jacasse,
Avec tes mots, bats-toi lorsque c'est nécessaire,
Mais ne laisse personne te dire où est ta place,
Ni ce qu'il faut penser ou répéter pour plaire !

le moineau

 Presque partout dans le monde.

 Je mesure de 14 à 18 cm.

 Je pèse de 24 à 40 g.

 Je mange des graines.

 Je vis jusqu'à 3 ans.

 Je pépie, piaille ou chuchote.

 4 à 5 œufs par nichée.

Moineaux des villes et moineaux des champs

Piou, Piou, salut toi ! Il fait froid ce matin !
Plus grand-chose à manger dans les champs et les prés,
Merci pour ton offrande de miettes et de grain,
Tout l'hiver chez toi, je viendrai picorer !

J'arriv'rai sans prévenir, comme tombé du ciel,
Seul ou avec des copains, pour le p'tit déjeuner,
On se battra un peu pour les graines les plus belles,
Pardon pour le désordre que nous allons laisser !

Piou, Piou, hello ! Tu es bien installé ?
Il est bon ton croissant ? Tu m'en donnes quelques miettes ?
J'peux les prendre dans ta main, je n'suis pas effrayé,
J'suis un moineau des villes, je n'suis pas une mauviette !

Je suis bien moins farouche que mon cousin des champs
Qui fuit à tire d'ailes quand tu t'approches un peu...
Jusque sur ta panière je me pose tranquill'ment
S'il y reste quelques miettes à voler sous tes yeux !

Ne vous chamaillez pas, on vous aime tous les deux,
Toi le moineau des champs, curieux à mon balcon,
Comme toi, moineau des villes, hardi et courageux,
L'hiver serait bien triste, sans vous p'tits polissons...

l'étourneau

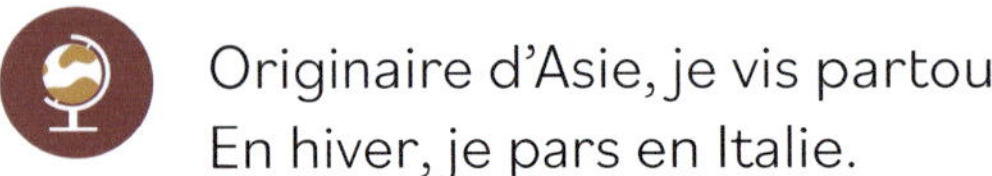

Originaire d'Asie, je vis partout.
En hiver, je pars en Italie.

Je mesure 22 cm.

Je pèse entre 58 et 100 g.

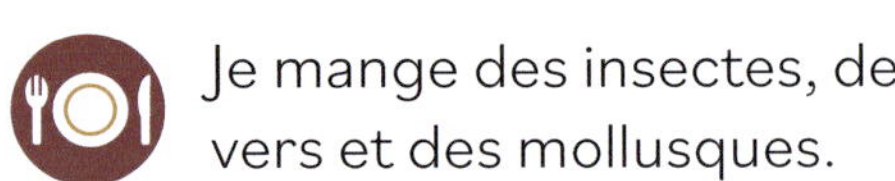

Je mange des insectes, des vers et des mollusques.

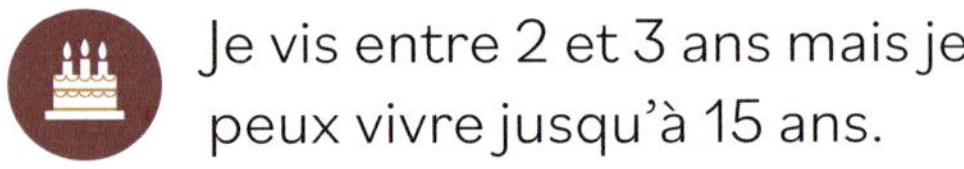

Je vis entre 2 et 3 ans mais je peux vivre jusqu'à 15 ans.

Je pisote.

4 à 6 œufs par nichée.

L'arbre qui chante

Ce matin, j'ai entendu le grand arbre chanter
Et aperçu, au cœur de son feuillage,
Les becs pointus et le plumage argenté
Des étourneaux qui préparent leur voyage.

Comme chaque année à la fin de l'été,
Après les cigognes, après les hirondelles,
Par milliers, ils vont se rassembler,
Pour un jour, s'envoler à tire-d'aile…

Écoute leur chant de plus en plus bruyant,
Leurs appels, leurs cris, leurs bavardages,
Ce vacarme chaque jour plus assourdissant,
Et admire leurs ailes qui dansent dans les branchages !

Et un jour, d'un coup, sans prévenir : silence !
Comme s'ils retenaient leur souffle, ensemble, juste avant,
Avant de libérer les arbres de leur bruyante présence
Dans un envol gracieux qui voile le firmament…

C'est alors qu'on peut voir leurs parfaites farandoles,
Leurs danses chatoyantes, subtiles murmurations,
Le ballet délicat des étourneaux en vol,
Leur flamboyant salut qui force l'admiration !

le colvert

 Je vis dans toute la partie nord du monde.

 Je mesure de 50 à 65 cm.

 Je pèse environ 1,6 kg.

 Je mange des petits poissons, têtards, limaces, escargots, plantes et graines.

 Le sais-tu ?

 Je vis entre 5 et 10 ans.

 Je cancane.

 8 à 13 œufs par nichées.

Un drôle de numéro

Hé, regarde moi jouer avec mes copains,
On flotte et rebondit comme des bouchons !
Sur l'eau, on file, on glisse, on fait les malins,
Du matin jusqu'au soir, quelle que soit la saison…

On cancane, on s'agite, on s'ébroue joyeus'ment
Avec, au coin du bec, un drôle de p'tit sourire,
Et d'un coup, on s'envole, tous dans le même élan,
Mais bientôt, t'inquiète pas, nous allons revenir !

Sur l'étang on se pose, on se laisse dériver
Jusqu'au tronc que le vent a fait tomber dans l'eau,
Le bec sous une aile, on va s'y reposer
Avant de retourner barboter sur les flots…

La tête sous l'eau, la queue en l'air,
Regarde, je fais l'canard…
Normal, bien sûr pour un colvert,
Le plus drôle des canards de la mare !

le martin pêcheur

Je vis en Europe et une partie de l'Asie.

Je mesure 17 cm.

Je pèse de 30 à 45 g.

Je mange des petits poissons
et des têtards.

Le sais-tu ?

Je peux vivre 15 ans.

Pas de nom pour mon cri.

6 à 7 œufs.
2 ou 3 nichées par an.

Le roi des pêcheurs

Salut, j'm'appelle Martin et je suis un pêcheur,
Je suis rapide, vif et adroit,
De ma branche, en piqué, je plonge sans peur
Dès que dans l'eau, je repère une proie !

Au-dessus des flots, je file comme le vent,
À peine verras-tu un éclair bleu passer
Que déjà sous le pont je disparais viv'ment
Pour me mettre à l'affût de mon p'tit déjeuner…

Un p'tit gardon par ci, une grenouille par là,
De mon bec acéré, je les pêche à coup sûr
Et les emporte au loin où tu n'me verras pas
Pour les manger au calme, à l'abri d'une ramure.

Je suis bien plus rapide que le grand héron gris
Si souvent à l'affût, les pattes dans la rivière…
Car dans la vie, même léger et tout p'tit,
Tu peux faire de grandes choses, et en être très fier !

la poule d'eau

 Je vis en Europe, Asie et Afrique.

 Je mesure de 32 à 35 cm.

 Je pèse de 260 à 400 g.

 Je mange des insectes, petits animaux aquatiques, des herbes, graines et baies.

Le sais-tu ?

 Je peux vivre jusqu'à 15 ans.

 Je glousse, cocaille, coucasse, coclore ou crételle.

 5 à 8 œufs par nichée.
3 ou 4 fois par an.

Une poule ? Moi ?

Cot, cot, cot ? Mais je n'suis pas une poule !
Ah ! Ben si ! C'est le nom qu'on me prête !
En voilà une idée, vous êtes un peu maboules !
Qu'ai-je en commun avec les cocottes qui caquètent ?

Je vis libre comme l'air, au bord de la rivière,
Et sur l'eau des étangs, tout en douceur je glisse.
Pas de basse-cour pour moi, de cage ou de fermière
Qui chaque jour me nourrit de graines et de maïs !

Et puis, le savais-tu ? Je sais aussi voler !
Sur l'eau je peux courir, pour prendre mon élan,
Survoler la campagne, les forêts et les prés
Avant de revenir me poser sur l'étang !

Alors, non ! Je ne suis pas une poule,
Même si j'en ai, c'est vrai, la silhouette dodue.
Pas de cot, cot bavard qui agace et qui soûle,
J'suis une jolie poule d'eau, élégante et menue !

l'hirondelle

 Je vis en France, et au Maroc en hiver.

 Je mesure 18 cm.

 Je pèse 22 g.

 Je mange des insectes attrapés en vol.

 Je peux vivre 10 ou 11 ans, mais plus souvent 4 ou 5 ans.

 Je gazouille.

 7 œufs par nichée. 2 fois par an.

Pardon, pardon, je suis pressée

Pardon, pardon, je n'ai pas l'temps,
Excusez-moi, je suis pressée,
Il faut que je nourrisse les enfants
Qui n'sont jamais, jamais rassasiés !

De l'aube claire au crépuscule,
Je vais, je viens dessous ton toit,
Avec mes sœurs, on se bouscule
Pour leur offrir des mets de choix !

Une seconde pour leur donner la becquée,
Et je fonce sur une nouvelle proie,
Pas l'temps d'flâner ou de me reposer,
Tout le jour je file, vole et tournoie !

Pardon, pardon, je n'ai pas l'temps,
J'ai tant à faire avant l'orage,
Foi d'une hirondelle au printemps,
Tout va très vite dans mon sillage...